UNIVERSITÉ DE FRANCE.

ACADÉMIE DE STRASBOURG.

ACTE PUBLIC

POUR LA LICENCE,

PRÉSENTÉ

A LA FACULTÉ DE DROIT DE STRASBOURG,

ET SOUTENU PUBLIQUEMENT

Le lundi 3 février 1840, à midi,

PAR

CLAUDE AUBERTIN,

DE METZ (MOSELLE),

BACHELIER ÈS LETTRES ET EN DROIT.

STRASBOURG,

IMPRIMERIE DE G. SILBERMANN, PLACE SAINT-THOMAS, 3.

1840.

A MON PÈRE ET A MA MÈRE.

C. AUBERTIN.

FACULTÉ DE DROIT DE STRASBOURG.

M. Rauter, doyen de la Faculté.

Président. M. Rauter,

Examinateurs. MM. Rauter, Hepp, Heimburger, Professeurs. Eschbach, Professeur suppl.

La Faculté n'entend approuver ni désapprouver les opinions particulières au candidat.

CODE CIVIL.

(Tit. XV, art. 2044 à 2058).

TRANSACTIONS.

CHAPITRE PREMIER.

CONSIDÉRATIONS GÉNÉRALES SUR LES TRANSACTIONS.

Le Code civil définit la transaction, art. 2044 : « Un contrat par lequel les parties terminent une contestation née, ou préviennent une contestation à naître. »

Cette définition pèche en ce sens qu'elle n'indique pas suffisamment les caractères de cette espèce de contrat. Celle que donnent MM. Aubry et Rau, dans leur ouvrage *sur le Droit civil français*, me semble préférable : « La transaction est un contrat synallagmatique parfait, par lequel les contractants, en renonçant chacun à une partie de leurs prétentions, ou en se faisant des concessions réciproques, terminent une contestation née, ou préviennent une contestation à naître » (voy. p. 136, § 418).

Le mot *transaction* vient du mot latin *transigere*, *transactum*, terminer, finir.

De tout temps les législateurs ont senti le besoin de diminuer le nombre des procès, d'indiquer aux hommes des moyens de terminer ou de prévenir les contestations. « De tous les moyens, dit M. Bigot de Préameneu, dans son *Exposé des motifs* sur ce titre, le plus heureux dans ses résultats, c'est la transaction; chaque partie se dégage alors de toutes préventions. Elle balance de bonne foi et avec le désir de la conciliation l'avantage qui résulterait d'un jugement favorable et la perte qu'entraînerait une condamnation. »

Dans une transaction, les sacrifices sont le plus souvent réciproques, les parties se font mutuellement des concessions. Il n'est pas nécessaire que ces concessions soient équivalentes; celles qui sont faites par l'une des parties peuvent être plus importantes que celles que lui fait l'autre. Une transaction dans laquelle l'une des parties modifierait seule ses prétentions ne serait pas nulle. Il peut même arriver que l'une des parties fasse l'abandon entier de tous ses droits; cette transaction n'en est pas moins valable; car la crainte d'un procès, ses lenteurs et ses frais sont une cause suffisante pour transiger. On conçoit aisément qu'une partie qui prévoit qu'elle perdra son procès aime mieux faire de suite l'abandon de tous ses droits, que de s'exposer à payer les frais d'un procès qu'elle sait devoir perdre[1].

Pour qu'il y ait matière à transaction, il faut que chaque partie doute de la bonté de sa cause, qu'elle ait des craintes plus ou moins fondées sur l'issue de la lutte qui est sur le point de s'engager ou qui a déjà commencé. Un point de droit douteux est donc de l'essence de toute transaction, c'est la condition essentielle de son existence. C'est en vain que les parties voudraient, en simulant une contestation, donner à tout autre contrat le caractère d'irré-

[1] Voyez Marbaud, *Traité des transactions*, nos 13, 165 et 166. Voyez aussi loi 65, § 1, *D. de condict. indeb.*, et Domat, *Lois civiles*, liv. 1, t. XIII, sect. 2, p. 124.

vocabilité attaché aux transactions. Le juge lui refusera ce caractère, lorsqu'il se sera assuré qu'il n'y avait pas matière à contestation ; il annulera le contrat comme transaction et ne lui accordera que les effets que la loi attache à l'espèce de contrat, que les parties ont voulu simuler. Ainsi, dans le cas où les parties auraient transigé sur un partage qui n'avait soulevé aucune contestation et ne pouvait en faire naître aucune, pour éviter les effets de l'art. 887 du Code civil, le juge devra refuser à ce contrat les effets de la transaction, et déclarer qu'il sera soumis à toutes les règles qui régissent la matière des partages. Il en serait de même à l'égard d'une vente au sujet de laquelle les parties auraient feint une contestation pour pouvoir transiger et la mettre à l'abri de la rescision pour cause de lésion.

Un autre caractère essentiel de la transaction, c'est d'être irrévocable ; la seule voie de recours que l'on ait contre ce contrat, c'est l'action en nullité ou en rescision. Nous verrons plus tard que le législateur a restreint à un très-petit nombre les cas où une transaction doit être annulée.

Lorsqu'en France on a voulu toucher à ce caractère d'irrévocabilité des transactions, introduire des exceptions, admettre la lésion comme une cause de rescision de ce contrat, on a vu disparaître toute son utilité : aussi a-t-on été forcé de lui rendre le caractère d'irrévocabilité, qui est de son essence, et voyons-nous une ordonnance de 1560 qui défend aux juges d'admettre l'action en rescision pour cause de lésion, pour moins d'outre-moitié. C'est qu'il y a sous ce rapport une bien grande différence entre le contrat de vente et la transaction : dans le premier de ces deux contrats, comme l'objet est déterminé, on peut aisément apprécier où commence la lésion; tandis que dans la transaction, l'objet du contrat étant un point de droit douteux, par conséquent indéterminé, il eût été fort difficile de fixer le point où commence la lésion. C'eût été ouvrir un vaste champ aux réclamations des parties qui eussent sans cesse renouvelé les procès, et aller directement contre le but de la transaction, qui est de les éviter.

La transaction est un contrat synallagmatique parfait ; car les parties s'engagent réciproquement l'une envers l'autre, elle est à titre onéreux; c'est également un contrat aléatoire, puisqu'il est fait dans l'incertitude d'un gain ou d'une perte.

La transaction est un contrat : aussi est-elle soumise aux règles qui régissent les contrats, en tant toutefois qu'elles ne sont pas contraires à la nature des transactions. Ainsi, comme dans les contrats, quatre choses sont de l'essence de la transaction : 1° le consentement; 2° la capacité de transiger; 3° un objet certain qui forme la matière de la transaction; 4° une cause licite.

1° *Le consentement.* Sans consentement libre, point de convention. L'art. 1109 nous fait connaître quels sont les cas où le consentement n'est pas libre; l'art. 2053, spécial à la matière des transactions, est aussi formel à cet égard que l'art. 1109. Nous verrons au chap. 8 sur quoi l'erreur doit reposer, quels caractères doivent avoir le dol, la violence pour vicier le consentement, et par suite annuler la transaction.

2° *La capacité de transiger.* Transiger c'est aliéner; *transigere est alienare*, dit la loi romaine; pour s'obliger, pour transiger, il faut, outre la capacité générale de s'obliger, avoir celle de disposer de la chose qui fait l'objet de l'obligation. De là, les mêmes incapacités pour la transaction que celles que l'on rencontre dans les contrats.

3° *Un objet certain qui forme la matière de la transaction.* Une convention ne peut pas exister sans objet; il en est de même de la transaction. Il ne faut pas confondre l'objet de la transaction, qui est la chose au sujet de laquelle on transige, avec l'objet de la contestation, qui est le point contentieux. Un droit douteux est donc la cause de la transaction. Il ne saurait y avoir de transaction sans un droit douteux ; car sans lui, point de procès à craindre, et par suite point de transaction possible ; le contrat serait sans objet, sans cause. C'est ainsi qu'une transaction intervenue sur un objet sur lequel l'une des parties n'avait aucun droit, serait nulle comme n'ayant pas de cause.

4° *Une cause licite.* Un contrat ne peut avoir une cause qui serait contraire aux lois ou aux bonnes mœurs. La transaction ne peut de même avoir une cause illicite.

Les transactions sont ou judiciaires ou extra-judiciaires; les premières sont celles qui se font en justice; les secondes, qui nous occuperont particulièrement, sont celles qui se font hors de la présence du juge *extra judice.* Elles se font par acte authentique ou sous seing privé.

CHAPITRE II.

DE LA CAPACITÉ DE TRANSIGER.

Toute personne que la loi ne déclare pas formellement incapable de transiger peut le faire. Arg. de l'art. 1123.

Le Code civil (art. 1124) déclare incapables de contracter : les mineurs, les interdits, les femmes mariées, dans les cas exprimés par la loi, et généralement tous ceux auxquels la loi a interdit certains contrats.

Les personnes incapables de transiger sont :

1° Le mineur; 2° le mineur émancipé; 3° l'interdit; 4° les personnes soumises à un conseil judiciaire; 5° la femme mariée; 6° les communes et établissements publics; 7° le failli; 8° le mandataire, lorsqu'il n'a pas reçu de son mandant un pouvoir spécial pour transiger.

1° Le mineur ne peut pas aliéner; par conséquent, il est incapable de transiger. La loi, en lui enlevant la capacité de transiger, a voulu prévenir les fautes que le peu de maturité de sa raison et son inexpérience ne manqueraient pas de lui faire commettre. Elle a craint que la mauvaise foi, abusant de son inexpérience, ne lui fît contracter des obligations ruineuses.

Il ne faut pas croire cependant que cette incapacité de contracter soit absolue, et que toutes les fois que le mineur aura fait une transaction, par le seul fait de son état de minorité, il puisse en faire déclarer la nullité. Non, comme le dit la loi romaine, *minor non tanquàm minor sed tanquàm læsus restituitur.* Il faut donc que le mineur prouve qu'il y a eu lésion pour que la transaction qu'il a faite sans l'autorisation de son tuteur puisse être annulée, et toutes les fois qu'il ne fournira pas cette preuve, la transaction sera maintenue.

Cette incapacité est personnelle au mineur, lui seul peut l'invoquer; les personnes majeures qui auraient contracté avec lui ne seraient pas admises à alléguer son incapacité pour faire annuler la transaction.

Aussi, pour ne pas priver le mineur du bénéfice de la transaction, pour ne pas éloigner les personnes majeures d'une transaction avec un mineur, dans la crainte de la voir annuler à la demande de ce dernier, la loi a-t-elle interposé une tierce-personne, qui est le tuteur, sans l'autorisation duquel il ne peut transiger. Le tuteur qui transige doit remplir certaines formalités qui rendent la transaction valable. Ces formalités sont prescrites par l'art. 467. « Le tuteur ne pourra transiger au nom du mineur qu'après avoir été autorisé par le conseil de famille et de l'avis de trois jurisconsultes désignés par le procureur du roi, près le tribunal de première instance. La transaction ne sera valable qu'autant qu'elle aura été homologuée par le tribunal de première instance, après avoir entendu le procureur du roi. »

Dans tous les actes importants, et particulièrement ceux qui entraînent l'aliénation des biens du mineur, le tuteur doit se faire autoriser par le conseil de famille, qui est chargé de veiller aux intérêts du mineur et de donner son autorisation dans les cas où la loi l'a jugée nécessaire. Mais lorsqu'il s'agit d'une transaction, comme l'objet du contrat est un droit douteux, qui exige une certaine connaissance du Droit pour prendre une décision; que les membres d'un conseil de famille, qui sont très-aptes à décider une question de fait, comme celle de savoir si tel achat est avantageux ou non au mineur, ne pourraient donner leur avis en connaissance de cause au sujet d'une transaction, la loi a voulu que le tuteur prît l'avis de trois jurisconsultes. Le conseil de famille, éclairé par l'avis des jurisconsultes, refuse ou accorde son approbation, selon que la transaction lui semble onéreuse ou avantageuse au mineur.

Mais ce n'est pas tout, il faut que la justice vienne apposer son sceau à la transaction, qu'elle vienne joindre son approbation à celle déjà donnée par le conseil de famille, il faut que le tribunal homologue la transaction et cela à peine de nullité. Le procureur du roi porte la parole, comme il doit le faire dans toutes les causes où l'intérêt du mineur est en jeu (art. 83 du Code de procéd. civ.). Alors seulement la transaction est parfaite.

Tout ce que nous venons de dire se rapporte aux cas où la transaction a lieu avec un étranger. Mais il peut aussi se faire que le mineur transige avec son tuteur. Dans cette hypothèse il se présente deux cas : ou le pupille est encore mineur, et alors le différend qui donne lieu à la transaction serait survenu pendant la tutelle; le subrogé tuteur dont les fonctions, d'après l'art. 420 du Code civil, consistent à agir dans tous les cas où les intérêts du mineur sont en opposition avec ceux de son tuteur, doit prendre la place de ce dernier, et faire tout ce que le tuteur eût fait lui-même, si la transaction, au lieu d'intervenir entre le tuteur et le mineur, eût eu lieu entre le mineur et un étranger; en un mot, il doit se conformer à l'art. 467 ; ou bien, au contraire, le pupille est devenu majeur, et la transaction a trait à l'administration du tuteur : c'est l'art. 472 qui est applicable. Le tuteur, d'après les termes de cet article, ne peut faire aucun traité avec son ancien pupille, sous peine de nullité avant la reddition du compte de tutelle, le tout constaté par un récépissé de l'oyant compte, dix jours au moins avant le traité. On a craint que le tuteur, abusant de l'influence qu'il a sur son ancien pupille, ne lui fît faire une transaction qui lui serait onéreuse. Le mineur ayant pris connaissance du compte de tutelle, ayant eu dix jours pour l'examiner et y réfléchir, peut, d'après toutes les probabilités, transiger en connaissance de cause.

L'art. 472 ne dit pas que le récépissé doive être fait devant notaire, ce qui ferait supposer qu'il peut être fait sous signature privée. Il serait prudent de faire ce récépissé devant notaire pour éviter que le tuteur, usant de manœuvres auprès de son ancien pupille, ne lui fît signer un récépissé antidaté. Cet inconvénient n'aurait pas lieu s'il avait acquis une date certaine de l'une des manières qu'indique l'art. 1328.

2° Le mineur émancipé ne peut faire que des actes de pure administration, passer des baux dont la durée n'excède pas neuf ans, toucher ses revenus et en donner décharge. Puisqu'il a la jouissance de ses revenus, il peut transiger sur les différends qui pourraient s'élever à leur égard, si toutefois ces revenus ne dépassent pas ceux de neuf ans. Dans tous les autres cas il ne peut transiger sans l'autorisation de son curateur, lequel devra être autorisé par le conseil de famille, dans la forme prescrite aux tuteurs des mineurs. C'est ce qui résulte par argument de l'art. 484 du Code civil.

Le curateur d'un mineur émancipé ne pourra transiger avec son ancien pupille qu'en se conformant aux formalités prescrites par l'art. 472.

Le mineur émancipé qui a transigé sans l'autorisation de son curateur, ne peut faire annuler sa transaction, qu'en prouvant qu'il a été lésé.

Le mineur émancipé qui exerce un négoce est réputé majeur pour les faits relatifs à son commerce (art. 487). Il n'est pas restituable contre les engagements qu'il a pris à raison de son négoce (art. 1308).

3° L'interdiction est judiciaire ou légale, selon qu'elle résulte d'un jugement rendu par la justice civile, ou qu'elle est la conséquence d'une peine à laquelle la loi pénale a attaché cet effet.

La loi regarde l'interdit comme entièrement incapable de contracter. Il ne peut pas aliéner ses biens, il ne peut donc pas transiger, puisque la transaction emporte toujours aliénation au moins de la part d'une des parties; la loi leur refuse l'administration de leurs biens. Ils sont assimilés aux mineurs pour leur personne et leurs biens, mais non pour leurs actes (art. 509); car pour faire annuler une transaction faite par un mineur, il faut qu'on prouve qu'il y a eu lésion, tandis que pour faire annuler une transaction faite par un interdit depuis le jugement d'interdiction, on n'a qu'à présenter ce jugement, on n'a pas besoin de prouver qu'il y a eu lésion.

Le tuteur d'un interdit peut transiger au nom de celui-ci, en se conformant toutefois aux formalités de l'art. 467. Dans le cas où l'interdit aurait obtenu main-levée de son interdiction, s'il intervenait une transaction entre lui et son tuteur sur le compte de tutelle, ce dernier devrait-il remplir les formalités qu'impose l'art 472 aux tuteurs des mineurs? Je penche pour l'affirmative; car l'art. 509 assimile les interdits aux mineurs, et déclare que les lois sur la tutelle des mineurs sont applicables à la tutelle des interdits. L'art. 472 fait partie des règles que la loi trace sur la tutelle des mineurs; il est donc applicable aux interdits. En vain objecterait-on que les mêmes motifs qui ont dicté cet article au législateur, en faveur du mineur, n'existent pas pour l'interdit; que l'interdit qui obtient main-levée de son interdiction jouit de toute sa raison; qu'on n'a pas à craindre que, comme le mineur, il se laisse entraîner par son impatience de jouir de sa liberté.

L'art. 502 porte que les actes passés postérieurement par l'interdit sont *nuls de droit.* Il ne faut pas croire qu'en se servant de ces mots, le législateur ait voulu dire que la nullité n'ait pas besoin d'en être demandée en justice. Il faut entendre ces mots en ce sens que, pour faire annuler un acte passé postérieurement au jugement d'interdiction, on n'a besoin que de présenter ce jugement.

Cette nullité ne peut être invoquée que par l'interdit et ses ayant-cause (art. 1125). Les personnes qui auraient contracté avec l'interdit ne seraient pas admises à invoquer l'état d'interdiction pour faire annuler le contrat.

Les actes faits par l'interdit dans un intervalle lucide sont-ils valables? L'art. 502, en ne faisant pas de distinction, a tranché la question quand il dit « que tous les actes passés postérieurement au jugement d'interdiction, par l'interdit ou sans l'assistance du conseil, seront nuls de droit. » D'ailleurs il serait fort difficile d'avoir la certitude que l'acte a été réellement fait dans un intervalle lucide et de déterminer d'une manière certaine quels sont ces intervalles lucides.

Un acte fait par l'interdit avant le jugement qui l'a déclaré en état d'interdiction, peut être annulé, s'il était de notoriété que la cause qui l'a fait mettre en état d'interdiction existait déjà à l'époque où l'acte a été fait (art. 503).

Les règles que le Code civil trace pour l'interdiction judiciaire sont applicables aux personnes que l'art. 29 du Code pénal met en état d'interdiction. Il leur est nommé un tuteur et un subrogé-tuteur pour administrer leurs biens pendant la durée de leur peine. La loi pénale a voulu, en privant ces sortes de personnes de la jouissance et de l'administration de leurs biens, leur enlever toute espèce de ressources extérieures qui allégeraient la peine qu'ils ont encourue et qui rendraient illusoire le châtiment qu'ils ont mérité. C'eût été un scandale pour la société de voir des individus qu'elle a frappés d'un juste châtiment, se livrer à des prodigalités de toutes sortes. C'eût été d'ailleurs la remettre à chaque instant en contact avec des hommes qu'elle a rejetés de son sein.

L'interdiction légale cesse à l'expiration de la peine; le tuteur doit rendre ses comptes de tutelle.

4° Les personnes soumises à un conseil judiciaire ne peuvent transiger sans son assistance (art. 513). Dans le cas où le prodigue aurait transigé sans l'assistance de son conseil, s'il renonçait à faire valoir cette nullité, il devrait ratifier la transaction avec l'assistance de son conseil.

5° La femme mariée ne peut transiger sans l'autorisation de son conjoint, ou sans celle de la justice à défaut de celle de son mari. La loi n'a pas voulu que la femme puisse aliéner ses biens sans le concours de son mari: c'eût été porter atteinte à la puissance maritale. Cette incapacité de la femme mariée est tellement de l'essence du contrat de mariage que les époux ne pourraient déroger à cette prohibition par une des clauses de leurs conventions matrimoniales (art. 1388.)

Le mari pourrait cependant autoriser sa femme à transiger sur les contestations que pourrait soulever l'administration de ses biens (art. 223.)

Cette incapacité de la femme mariée souffre cependant quelques exceptions :

a. La femme mariée sous le régime dotal a l'administration et la jouissance de ses biens paraphernaux (art. 1576); rien ne s'oppose donc à ce qu'elle puisse valablement transiger, sans l'autorisation de son conjoint, sur les contestations qui pourraient s'élever au sujet de la jouissance ou de l'administration de ses biens.

b. Elle pourrait également transiger sur les revenus annuels qui lui auraient été alloués par contrat de mariage (art. 1534), s'il survenait quelque contestation à ce sujet.

c. La femme séparée de corps et biens et celle qui est séparée de biens seulement, peuvent transiger sur leur mobilier sans l'assistance de leur mari (art. 1449.) Mais elles ne pourraient transiger valablement sur leurs immeubles sans l'autorisation du mari ou celle de la justice. La séparation de biens n'a été introduite que dans le seul intérêt de la femme, pour éviter que le mari n'engloutisse la dot de sa femme par ses fausses spéculations ou par ses prodigalités. C'eût donc été lui rendre un mauvais service et en même temps porter atteinte à la puissance maritale, que de permettre à la femme mariée même séparée de biens soit contractuellement, soit judiciairement, de faire un acte aussi important qu'une transaction sur ses immeubles, sans préalablement se munir de l'autorisation de son conjoint. D'ailleurs si le mari oubliait ses devoirs, et n'obéissant qu'à un caprice, refusait son autorisation, la femme peut alors se faire autoriser en justice, en suivant la marche que lui tracent les art. 219 du Code civil, et 861 et 862 du Code de procédure civile.

d. La femme marchande publique peut transiger sans l'autorisation spéciale de son mari. Nous disons *spéciale*, parce que le mari, en permettant à sa femme d'exercer un négoce quelconque, l'a, par ce seul fait, autorisé généralement à faire toutes les transactions qui y ont rapport. Cette exception a été introduite dans l'intérêt du commerce. On conçoit en effet que si la femme marchande publique eût été obligée de se faire autoriser pour chaque transaction commerciale, cela eût entraîné des lenteurs qui eussent été préjudiciables à ses intérêts. Car le commerce demande une grande célérité dans les relations de commerçant à commerçant. Toutefois, cette exception ne s'étend qu'aux actes commerciaux que la femme peut avoir à faire; quant aux autres, elle doit se conformer aux mêmes règles que les femmes mariées non commerçantes (art. 5 du Code de com.).

e. La femme mariée, quoique n'ayant pas besoin de l'autorisation de son mari pour ester en justice criminelle, ne pourrait valablement transiger, sans son consentement ou celui de la justice, sur l'intérêt civil résultant du délit; car autre chose est de comparaître en justice criminelle comme prévenue d'un délit, le mari ne pouvant pas par son refus enchaîner la justice, et autre chose est de transiger sur la réparation civile d'un délit.

Les époux peuvent-ils valablement transiger entre eux? Quoique, par analogie, on pourrait appliquer aux transactions entre conjoints la défense que leur fait l'art. 1595, de contracter entre eux, comme cependant le Code ne les défend nulle part en termes exprès, je pense que le juge devra examiner s'il pouvait y avoir sujet à litige, ou si au contraire ils ont voulu, en simulant une contestation, cacher sous le voile de la transaction un autre contrat par lequel le mari, abusant de son influence sur sa femme, se serait fait faire des avantages illicites. S'il y avait réellement matière à procès, pourquoi priver les époux du bénéfice d'un contrat qui peut rétablir entre eux la bonne harmonie qu'un procès aurait détruite? Ce ne serait donc que, comme exception à la règle générale que l'on devrait admettre, dans certains cas laissés à l'arbitrage du juge, la validité d'une transaction faite entre époux.

6° Les communes et établissements publics ne peuvent transiger sans une autorisation expresse du roi. L'arrêté du 21 frimaire an XII fait connaître les formalités que les communes doivent observer pour transiger. Cet arrêté porte :

« Les communes ne pourront transiger qu'après une délibération du conseil municipal, prise sur la consultation de trois jurisconsultes désignés par le préfet du département, et sur l'autorisation de ce même préfet, donné d'après l'avis du conseil de préfecture » (art. 1er).

« Cette transaction, pour être définitivement valable, devra être homologuée par un arrêté du gouvernement, rendu dans la forme prescrite pour les règlements d'administration publique » (art. 2).

Les contestations qui ont lieu entre les tiers et les établissements publics ou les communes au sujet des transactions survenues entre eux, sont de la compétence du pouvoir judiciaire et non du pouvoir administratif (voyez décret du 12 janvier 1812).

Quant aux transactions faites par les hospices avec des particuliers, l'art. 15 de l'arrêté du 7 messidor an IX indique la marche à suivre. C'est alors le comité consultatif qui transige en leur nom; les transactions ne seront définitives qu'après avoir reçu la sanction du gouvernement.

7° Le failli ne peut transiger. Au moment où la faillite est déclarée, il est dépouillé de l'administration de ses biens; il ne peut donc, à plus forte raison, les aliéner ou en disposer, à quelque titre que ce soit. Les transactions commerciales faites par le failli dans les dix jours qui ont précédé la faillite sont réputées frauduleuses et annulées, s'il y a eu fraude de la part des autres contractants. Le failli peut faire dans les dix jours qui précèdent la faillite toute autre espèce de transaction, si elle ne porte pas sur des immeubles et n'a pas pour but d'en dépouiller le failli au préjudice de ses créanciers.

8° Le mandataire ne peut transiger pour son mandant qu'en vertu d'un pouvoir spécial; une procuration générale serait insuffisante, et en transigeant, il dépasserait les pouvoirs que lui donne son mandat (arg. de l'art. 1988).

CHAPITRE III.

SUR QUELLES CHOSES ON PEUT TRANSIGER.

Pour pouvoir valablement transiger sur une chose, outre la capacité générale de transiger dont nous venons de parler, il faut avoir celle de disposer en particulier de la chose qui fait l'objet de la transaction; ainsi la transaction sur la chose d'autrui, si on n'avait été autorisé à la faire par celui qui en est le propriétaire, sera nulle; il faut en outre que cette chose soit dans le commerce (art. 1128).

Ainsi tout ce qui est dans le commerce et qui peut donner naissance à un droit douteux, peut fournir matière à une transaction.

Procédant par voie d'exclusion, nous ferons connaître quelles sont les choses sur lesquelles on ne peut pas transiger.

1° On ne peut pas transiger sur la poursuite criminelle; mais on peut le faire sur l'intérêt civil résultant du délit; cette transaction n'influe en rien sur la poursuite du ministère public (art. 2046). La punition du crime est d'ordre public, les particuliers ne peuvent y mettre des entraves ou l'arrêter par leurs conventions.

Lorsque les parties auront transigé sur l'intérêt civil du faux incident, pour que leur transaction soit valable, elle devra être homologuée en justice, après avoir été communiquée au ministère public. Si l'homologation était refusée par le tribunal, la transaction ne pourrait avoir lieu (art. 249 du Code de proc. civ.).

La transaction n'empêche pas la partie civile d'être tenue personnellement de payer les frais du procès, sauf son recours contre le prévenu s'il succombe.

Sous l'empire de l'ancienne législation on ne pouvait transiger sur un crime capital qui emportait peine afflictive; mais on pouvait le faire lorsque le délit n'emportait qu'une peine infamante, tels que le blâme, l'exposition, l'amende, etc. Alors la transaction arrêtait la poursuite de la justice (voy. ord. de 1567, tit. 25, art. 19). L'on considérait ces sortes de crimes comme touchant plus l'intérêt privé que l'intérêt public.

D'après un arrêté du 10 décembre 1665 (voy. Jousse, *Recueil chronologique*, t. I. p. 136) il paraîtrait qu'à cette époque les juges et seigneurs transigeaient avec les coupables sur toute espèce de crimes. Cet arrêté leur défendait toute composition avec les parties sous des peines sévères.

Chez les Romains on pouvait transiger sur toute espèce de crimes capitaux, excepté toutefois le crime d'adultère. Tous les autres crimes qui n'emportaient pas la peine capitale, *sanguinis pœnam* ne pouvaient être l'objet d'une transaction (voy. l. 4, *C. de trans.*).

2° On ne peut pas transiger sur l'état d'enfant légitime; les droits d'enfant légitime ne sont pas dans le commerce, il ne peut donc pas être permis d'y renoncer par une transaction.

3° On ne peut transiger sur les nullités qui pourraient se trouver dans un contrat de mariage; car l'art. 1395 du Code civil déclare que le contrat de mariage ne peut subir aucun changement après la célébration du mariage. Toute autre espèce de nullités qui ne tiendraient pas à l'ordre public peuvent être l'objet d'une transaction.

4° La transaction sur une séparation de corps est nulle, les époux ne pouvant se séparer par consentement mutuel (art. 307). On ne pourrait également pas transiger sur une séparation de biens pour le même motif (art. 1443).

5° On ne peut transiger sur l'ordre des juridictions, sur une incompétence *ratione materiæ*.

6° Sur un contrat dont la cause serait immorale.

7° Sur une succession future (art. 1130). Justinien, dans une de ses lettres à Jean, flétrit à juste titre ces sortes de transactions (voy. l. 30 *C. de pactis*).

8° L'immeuble dotal est inaliénable, par conséquent il ne peut être l'objet d'une transaction, à moins qu'il n'ait été stipulé aliénable par l'une des clauses du contrat de mariage. Si cependant il y avait nécessité, les époux pourraient transiger sur l'immeuble dotal, quoique inaliénable, en prenant l'avis de trois jurisconsultes nommés par le procureur du roi, à la charge de faire homologuer (voy. Pigeau, t. I, tit. 2, p. 8).

9° Les aliments sont donnés à une personne pour son entretien: le but de la loi eût donc été éludé, s'il eût été permis à des personnes peu prévoyantes d'aliéner une partie de leurs aliments et de se mettre ainsi à la charge de la société. Cette prohibition n'est pas textuellement dans la loi, mais elle résulte de son esprit et par argument de l'art. 581 du Code de procédure civile, qui déclare insaisissables les provisions alimentaires adjugées par justice et les sommes et pensions pour aliments, de l'art. 1064 du même Code, qui défend de compromettre sur les dons et legs d'aliments, logements et vêtements, de l'art. 1293 du Code civil, qui porte que la compensation ne peut avoir lieu au sujet d'une dette qui a pour cause des aliments (voyez un arrêt du 18 décembre 1822; Sirey, 1825, qui déclare qu'une transaction sur des aliments non échus est nulle).

On peut cependant valablement transiger sur des aliments échus; la prohibition ne porte que sur des aliments à échoir.

A Rome on ne pouvait transiger sur des aliments laissés par testament ou par une donation à cause de mort, sans l'autorisation du prêteur (voy. l. 8, *D. de trans.*).

10° Les biens qu'un grevé de substitution doit rendre à l'appelé, dans le cas où ce dernier ne meurt pas avant lui, ne peuvent être l'objet d'une transaction. Le grevé n'est pas propriétaire, il n'est qu'usufruitier: aussi pourrait-il valablement transiger sur les revenus de la chose grevée de substitution. Un grevé de substitution est donc privé du bénéfice de la transaction; il doit plaider un procès qu'il est sûr de perdre et qu'il prévoit devoir être onéreux à l'appelé.

Le même inconvénient a lieu pour l'héritier bénéficiaire: il ne peut transiger dans la crainte de prendre qualité et de se voir forcé d'accepter la succession purement et simplement.

11° La chose jugée en dernier ressort ne peut être l'objet d'une transaction. Dans ce cas il n'y a plus de droit douteux, la transaction est sans objet, l'art. 2056 la déclare nulle; mais il faut pour cela que l'une des parties ait ignoré le jugement en dernier ressort. Nous aurons occasion de parler de cette nullité lorsque nous traiterons des nullités des transactions.

12° On ne peut transiger sur un dépôt; le dépositaire n'est ni propriétaire ni usufruitier; il ne peut donc l'aliéner.

CHAPITRE IV.

DES TRANSACTIONS AVEC CLAUSE PÉNALE.

L'art. 1226 définit la clause pénale en ces termes : « La clause pénale est celle par laquelle une personne, pour assurer l'exécution d'une convention, s'engage à quelque chose en cas d'inexécution. »

Ainsi, la clause pénale est un dédommagement du préjudice que peut occasionner à l'un des contractants l'inexécution d'une transaction.

Les principes que le Code pose relativement à la clause pénale ajoutée aux conventions sont applicables aux transactions.

La transaction intervenue entre les parties est l'obligation principale; la stipulation d'une peine, en cas d'inexécution, n'est qu'accessoire. Il résulte de là que la nullité de la clause pénale n'entraîne pas celle de la transaction, et qu'au contraire celle de la transaction emporte celle de la clause pénale (art. 1227).

On ne pourrait cumulativement demander l'exécution de la transaction et celle de la clause pénale, à moins que les parties n'aient voulu rendre la clause pénale exigible, pour le seul retard, ou pour le seul fait de vouloir revenir sur la contestation (art. 1229).

L'avantage de la clause pénale consiste en ce qu'elle n'engendre pas de nouveaux procès, comme le ferait une demande en dommages-intérêts. En stipulant cette clause, les parties ont fixé elles-mêmes le montant de ces dommages-intérêts.

L'étendue de la clause pénale ne peut pas être restreinte en matière de transaction, comme pour les conventions, lorsque l'obligation a été exécutée en partie. Car, peu importe que la transaction ait été exécutée en partie : dès le moment que le défaut d'exécution, même partiel, donne lieu à une contestation, la clause pénale est exigible.

CHAPITRE V.

DE QUELLE MANIÈRE SE CONSTATENT LES TRANSACTIONS.

La transaction doit être rédigée par écrit (art. 2044) ; l'écriture n'est cependant pas une des conditions essentielles à la validité de la transaction. Le législateur a seulement voulu proscrire la preuve testimoniale, d'un usage si dangereux, surtout en matière de transactions, et donner un moyen d'éviter le renouvellement des procès. Aussi la transaction verbale n'est-elle pas nulle, mais elle doit être prouvée, soit en déférant le serment à la partie adverse, soit en la faisant interroger sur faits et articles (voy. un arrêt de la Cour de Bruxelles du 1er décembre 1810; Sirey, 1811; II, 22).

Une transaction écrite peut être faite de quatre manières :

1° Par acte sous seing privé; 2° par acte authentique; 3° par l'homologation d'accord ou jugement convenu par expédient, c'est-à-dire en justice civile; 4° enfin par les procès-verbaux du juge de paix, lorsqu'il y a eu conciliation.

1° L'acte sous seing privé qui constate une transaction doit contenir :

a. Le nom des parties dans le corps de l'acte, ou seulement leur signature au bas ;

b. Quelles sont les concessions que se font les parties;

c. La mention du nombre d'exemplaires qui ont été faits sur chaque copie de l'original. Cette formalité est indispensable; car une partie de mauvaise foi pourrait, sans cela, en anéantissant son exemplaire, prétendre qu'elle n'en a pas eu, et, invoquant l'art. 1325, faire annuler la transaction.

Si l'acte est écrit par un tiers, les parties doivent, outre leur signature, mettre les mots *bon* ou *approuvé*.

2° La transaction peut être faite par acte authentique devant notaires. C'est une des manières les plus sûres de faire une transaction ; l'acte qui constate la transaction, étant rédigé par un officier public, fait foi de son contenu jusqu'à inscription de faux.

Il est au choix des parties de faire la transaction sous seing privé ou par acte devant notaires ; cependant si l'une d'elles ne pouvait ou ne savait signer, elles devraient employer le ministère des notaires.

Les transactions devant notaires peuvent être faites en minute ou en brevet. En effet, la loi du 25 ventôse an XI sur le notariat ne met pas la transaction au nombre des actes dont il doive rester minute entre les mains du notaire. La loi du 15 ventôse an XII sur la vente (art. 1582 du Code civ.), qui déclare que la vente peut être faite par acte authentique ou sous seing privé, fait penser que la transaction peut également être faite en brevet.

3° Lorsque les parties, ayant porté leur différend devant le juge, font ce que l'on appelle en procédure un *jugement convenu par expédient* ou *homologation d'accord*, le jugement rendu ayant les caractères d'authenticité qu'ont les jugements en général, c'est encore transiger dans la forme authentique.

M. Rauter, dans son *Cours de procédure civile*, p. 173, dit : « que l'on ne peut point en appeler, ni en général se pourvoir contre, à moins que la transaction qu'il renferme ne soit nulle comme telle, et en ce dernier cas, il faudrait attaquer le jugement non par action principale, mais par voie de recours. »

Et p. 174 du même ouvrage : « L'accord des parties n'en est pas moins valable, quoique le juge ait refusé son homologation, à moins qu'il n'ait été convenu entre les parties que l'accord dépendra de l'homologation judiciaire. »

Ces sortes de transactions sont des transactions judiciaires.

4° Il existe une autre manière de transiger en justice ; je veux parler de la transaction au bureau de paix. Le juge de paix, ayant entendu les parties, tâche de les concilier ; s'il y parvient, il dresse procès-verbal de l'accord des parties.

D'après l'art. 54 du Code de procédure civile, cette transaction n'a que force d'obligation privée ; et cependant les juges de paix sont des officiers publics ; ils sont dans l'exercice de leurs fonctions, quand ils dressent procès-verbal de conciliation. Pourquoi cette espèce d'anomalie ? C'est que le législateur a voulu protéger les attributions des notaires; il a craint que les parties, feignant une contestation, ne se fussent présentées devant le juge de paix pour s'y concilier et obtenir un acte authentique. Tandis que, le procès-verbal du juge de paix en cette matière n'emportant pas hypothèque, ne pouvant être revêtu de la forme exécutoire, la transaction n'ayant entre les parties que force d'obligation privée, l'intention frauduleuse des parties est déjouée.

Cependant le procès-verbal de conciliation que dresse le juge de paix a cela de commun avec l'acte authentique fait devant notaires, qu'ayant été reçu par un officier public, il fait foi de son contenu jusqu'à inscription de faux ; que la signature du juge de paix suffit dans le cas où l'une des parties ou toutes deux ne peuvent pas signer.

On peut, en vertu d'un procès-verbal de conciliation, faire une saisie-arrêt; car l'opposition n'est qu'une mesure conservatoire, qui, aux termes de l'art. 557, peut être pratiquée en vertu d'un titre authentique ou privé. Le procès-verbal de conciliation du juge de paix tient donc de l'acte authentique et de l'acte sous seing privé.

CHAPITRE VI.

DE LA FORCE ET DE L'AUTORITÉ DES TRANSACTIONS.

Les transactions ont entre les parties l'autorité de la chose jugée en dernier ressort (art. 2052).

Ainsi sous le rapport de son autorité, la transaction tient du jugement, mais elle en diffère sous d'autres points de vue.

1° La définition que donne le Code civil de la transaction nous fournit la première différence : la transaction intervient sur une contestation née ou *à naître ;* pour qu'il y ait jugement, il faut que la contestation soit née.

2° La transaction n'est pas, comme le jugement en dernier ressort, soumise au recours en cassation ; l'erreur de droit ne peut être un motif de rescision, comme elle serait pour un jugement une cause de cassation. La transaction a donc entre les parties plus de force qu'un jugement en dernier ressort. Cela tient à ce que les parties ont jugé leur différend elles-mêmes, sans s'inquiéter de l'application du droit ; leur but était d'éviter un procès, ses lenteurs et ses frais ; tandis que les juges sont des magistrats institués pour appliquer la loi ; leurs jugements doivent toujours être d'accord avec la loi ; s'ils ne l'ont pas appliqué, la cour suprême réforme leur jugement.

3° La requête civile, qui peut faire casser un jugement dans le cas où il y a contrariété entre ses différents chefs, n'est pas une cause d'annulation pour les transactions ; elle donne seulement lieu à interpréter les clauses contraires. On doit alors rechercher quelle a été la commune intention des parties et non s'arrêter au sens littéral des mots : *in conventionibus contrahentium voluntas potiùs quàm verba spectari placuit* (l. 219, *D. de verb. signif.*).

Les clauses d'une transaction doivent être interprétées les unes par les autres, soit qu'elles précèdent ou qu'elles suivent (voy. du reste les art. 1156 à 1161 et 1163 du Code civil, qui donnent des règles d'interprétation applicables aux transactions).

4° Les jugements sont divisibles en ce sens que plusieurs de leurs chefs peuvent être annulés et les autres maintenus, s'ils sont conformes à la loi. La transaction au contraire est indivisible, chaque clause a avec les autres un rapport intime, et la nullité d'une clause entraîne celle de toutes les autres.

5° Le jugement lie les tiers, et ils ne peuvent empêcher cet effet qu'en se portant tiers opposants. Alors seulement ils peuvent suspendre l'effet d'un jugement qui les lèse.

C'est que le jugement émane d'une autorité à laquelle chacun est forcé d'obéir; la transaction n'est que l'œuvre de simples particuliers, qui a bien entre eux l'autorité de la chose jugée, mais qui ne peut avoir pour les tiers la même autorité; pour eux elle est *res inter alios acta*.

Il est cependant des cas où la transaction lie des personnes qui n'y ont pas été parties; nous en parlerons au chapitre suivant.

CHAPITRE VII.

DE L'ÉTENDUE DES TRANSACTIONS.

SECTION PREMIÈRE.

A quelles choses s'étendent les transactions.

«Les transactions se renferment dans leur objet; la renonciation qui y est faite à tous droits, actions et prétentions ne s'entend que de ce qui est relatif au différend qui y a donné lieu» (art. 2048).

On n'a pas voulu que dans un contrat aussi important que la transaction on pût étendre à d'autres contestations, que les parties pouvaient avoir entre elles, l'abandon qu'elles font d'une partie de leurs prétentions. On doit au contraire les restreindre au différend que les parties ont eu en vue de terminer, soit que les parties se soient servies d'expressions générales ou spéciales; on doit voir quelle a été leur commune intention: c'est ce qui résulte de l'art. 2049.

Les autres différends que les parties auraient entre elles au moment de la transaction n'y seraient pas compris, et elles ne seraient pas censées avoir voulu transiger à ce sujet, à moins que le contraire ne résulte clairement de l'acte.

Les différends qui pourraient surgir entre elles par la suite, quelque analogie qu'ils aient avec ceux que la transaction a terminés, n'y seraient pas compris.

Si l'une des parties, après avoir transigé sur un droit douteux qu'elle avait de son chef, vient en acquérir un semblable du chef d'une autre personne, la première transaction ne pourra lui être opposée. Beaucoup de raisons peuvent la déterminer à ne pas transiger sur ce nouveau droit, par exemple la découverte de titres qu'elle ne connaissait pas à l'époque de la première transaction ; elle peut avoir été déterminée par des considérations purement personnelles qui n'existent plus ; les doutes qui existaient alors dans son esprit peuvent avoir disparu. Ainsi, mon frère et moi nous avons recueilli dans la succession de notre père une créance qui pouvait fournir matière à procès ; je transige pour ma part dans la créance ; mon frère vient à mourir, je suis son héritier ; je ne suis pas lié par ma transaction, et le débiteur l'invoquerait vainement.

SECTION II.

De l'étendue des transactions par rapport aux tiers.

Nous avons déjà vu que les transactions avaient l'autorité de la chose jugée, mais seulement quant aux parties qui les ont faites, qu'elles ne s'étendaient pas aux tiers, qu'elles ne pouvaient leur préjudicier ni leur profiter. Ainsi la transaction faite par le créancier avec l'un des héritiers du débiteur ne profite pas aux autres héritiers; elle ne peut cependant pas leur préjudicier. Par exemple, je suis créancier de Paul pour une somme de six mille francs. Paul vient à mourir, il laisse deux héritiers; je transige avec l'un d'eux, et au lieu de trois mille francs qu'il devrait me payer pour sa part, je réduis ma créance à son égard à deux mille francs; le cohéritier ne pourra pas, en invoquant la transaction, exiger que je réduise en sa faveur ma prétention de la même quantité. Mais aussi la transaction ne pourra lui nuire en ce sens, que dans tous les cas il ne devra payer que sa part de trois mille francs.

De même, si un légataire transige avec les héritiers légitimes sur les vices d'un testament, ou s'il renonce à son legs, la transaction ne pourra nuire aux autres légataires.

Un héritier du créancier ne peut lier les autres héritiers par une transaction intervenue entre lui et le débiteur ; cette transaction n'a d'effet que pour sa part dans la créance ; les autres héritiers pourront exiger la leur, déduction faite de la part de celui qui a transigé.

Le créancier d'une dette solidaire qui a transigé avec l'un des débiteurs solidaires conserve ses droits contre les autres, déduction faite de la part du débiteur déchargé par la transaction (art. 1210). Si dans la transaction, en faisant remise au débiteur, il a reconnu la non-existence de la dette, les autres débiteurs pourront lui opposer la transaction. S'il avait été stipulé dans la transaction qu'elle profiterait aux autres codébiteurs solidaires, cette stipulation aurait son effet (arg. art. 1121). Dans le cas où la transaction aurait été faite dans des motifs purement personnels au codébiteur, les autres codébiteurs poursuivis ne pourraient l'invoquer. Si l'un des codébiteurs solidaires devient insolvable, sa part devant être payée contributoirement par les codébiteurs, on devra faire de plus déduction de la part que le codébiteur déchargé eût été tenu de payer ; car les autres codébiteurs ne peuvent recevoir un préjudice de la transaction.

Si, par suite de la transaction, il arrivait que le codébiteur eût payé plus que sa part de la dette, et que celle qu'il eût dû payer par suite de l'insolvabilité d'un des codébiteurs, M. Duranton pense que le surplus devrait être imputé sur la part des autres codébiteurs ; car le créancier ne doit pas recevoir plus que le montant de sa créance. Ce serait en vain qu'il allèguerait qu'en transigeant avec l'un des codébiteurs, il a couru la chance de perdre le reste du montant de sa créance, par suite de l'insolvabilité des autres codébiteurs; on répondrait que la transaction doit être restreinte au but que se sont proposé les parties; que le payement fait par l'un des codébiteurs libère les autres.

Ayant un procès avec plusieurs personnes, je transige avec l'une d'elles; mes droits subsisteront à l'égard des autres, nonobstant la transaction. Ainsi j'ai un procès avec mes deux tuteurs: je puis transiger avec l'un et poursuivre l'autre (voy. l. 1, *C. de trans.*, et l. 15, *D. de rat. distrahend.*).

Une personne est en possession d'une succession, je transige avec elle au sujet d'un bien qui en faisait partie; plus tard je découvre qu'elle détenait la succession injustement; le véritable héritier ne pourra m'opposer ma transaction, je suis censé avoir transigé *intuitu personæ*. « On pourrait, dit M. Delvincourt[1], opposer à cette décision « l'art. 1240, d'où l'on peut conclure que tout ce qui est fait avec « le possesseur d'un droit est valable, quand même le possesseur « se trouverait évincé par la suite. Je réponds à cela que ce prin- « cipe doit être appliqué à tous les actes dans lesquels la considé- « ration de la personne n'entre ou n'est censé entrer pour rien; « tels que le payement, la vente, etc., mais non à ceux qui se font « *intuitu personæ*, comme dans la transaction » (voy. aussi l. 3, § 2, *D. de trans.*).

La transaction faite avec la caution ne décharge pas le débiteur principal; celle au contraire faite entre le créancier et le débiteur principal décharge la caution. Car l'obligation principale étant éteinte, celle de la caution qui n'est qu'accessoire cesse d'être exigible.

L'associé chargé de l'administration par une clause spéciale du contrat de société, s'il transige au nom de la société, engage ses coassociés (arg. art. 1856).

Les transactions faites par le défunt sont obligatoires pour ses

[1] Voyez Delvincourt, *Droit civil français*, p. 607.

héritiers, *sustinent personam defuncti.* Tant que l'acte de transaction a été fait dans la forme authentique, cela ne souffre pas de difficulté; mais s'il est sous seing privé, aux termes de l'art. 1323, § 2, les héritiers ou ayant-cause du défunt auxquels on l'oppose peuvent déclarer qu'ils ne connaissent pas l'écriture de leur auteur, et donner lieu à une vérification d'écriture. Dans ce cas, le juge ne pourra pas se dispenser de l'ordonner, et de tenir l'écrit pour vrai, comme il peut le faire dans le cas où c'est l'auteur de l'écrit lui-même qui le désavoue (arrêt de la Cour de cass., 9 février 1830, Sir., t. XXX, 1, 235; et arrêt du 15 juillet 1834, Sir., t. XXXIV, 1, 649).

CHAPITRE VIII.

DES NULLITÉS DES TRANSACTIONS.

Il y a une bien grande différence entre l'action en rescision et l'action en nullité. L'action en rescision ne peut être employée que dans le cas de lésion, tandis que l'action en nullité peut l'être, qu'il y ait eu lésion ou non, pourvu que la transaction soit impugnée d'un vice que la loi regarde comme devant annuler le contrat.

On a cependant prétendu que le Code avait confondu ces deux actions, en se fondant sur les termes de l'art. 1117. Nous répondrons que l'art. 1311 est cependant formel à cet égard; qu'il distingue assez clairement ces deux actions, quand il dit, en parlant du mineur : « Il n'est plus recevable à revenir contre l'engagement « qu'il avait souscrit en minorité, lorsqu'il l'a ratifié en majorité, « soit que cet engagement fût *nul en sa forme, soit qu'il fût seulement sujet à restitution.* »

Le résultat final est bien le même, c'est-à-dire l'annulation de la convention; mais ces deux actions ne peuvent être employées dans les mêmes circonstances; ainsi, un mineur qui voudrait faire annuler une transaction sur le seul motif de son état de minorité au moment où elle a été conclue, serait tenu de prouver la lésion, *non minor restituitur tanquàm minor sed tanquàm læsus.* La femme mariée, au contraire, qui aurait transigé, sans l'autorisation de son mari ou celle de la justice, n'aurait pas besoin de prouver qu'elle a été lésée; le défaut d'autorisation suffirait pour faire annuler la transaction.

Il existe encore une différence entre la nullité et la rescision: c'est que le juge ne peut refuser d'annuler un contrat lorsqu'il y a un vice de forme auquel la loi accorde cet effet, au lieu que pour la rescision, comme l'appréciation de la lésion est une question de fait qui n'est pas soumise au contrôle de la Cour suprême, le juge est libre de l'admettre ou de ne pas l'admettre; et en ne l'admettant pas, il n'a pas à craindre de voir casser son jugement sur ce seul motif.

Au reste, cette différence n'est de quelque importance que pour ce qui regarde les mineurs. Nous pensons donc qu'en matière de transaction le Code n'admet, dans tous les autres cas, qu'une seule action qu'il nomme *action en nullité* ou *en rescision.*

Les nullités n'opèrent pas de plein droit; il faut qu'elles soient admises par le juge (art. 1117). S'il en eût été autrement, c'eût été abandonner aux parties le soin de se juger elle-même. Il n'existe que trois exceptions à ce principe: celle de l'art. 692 du Code de procédure civile, qui déclare que la partie saisie ne peut, à compter du jour de la dénonciation à elle faite de la saisie, aliéner ses immeubles à peine de nullité, sans qu'il soit besoin de la faire prononcer; celle qui est tirée de l'art. 960 du Code civil, et celle de l'art. 25 du même Code, relatif au mariage du mort civilement.

Après ces considérations générales sur les nullités, examinons quels sont les cas où les transactions doivent être annulées.

Les nullités des transactions proviennent d'abord de l'incapacité des parties. Nous avons vu que le mineur, la femme mariée, ne peuvent valablement transiger sans être autorisés, le mineur par son tuteur, la femme mariée par son mari; le tuteur, s'il n'a pas rempli les formalités que lui impose l'art. 467; les interdits sans leur tuteur; les mineurs émancipés sans leur curateur, dans le cas où la transaction dépasserait les bornes des pouvoirs que la loi leur accorde; les communes et établissements publics sans l'autorisation du gouvernement.

Le défaut de consentement annule les transactions.

1° L'erreur, quoiqu'il y ait eu consentement, est un motif de nullité. Le consentement n'est que le fruit de l'erreur; si elle n'avait pas existé, la partie qui en a été victime n'eût pas consenti. L'erreur peut reposer sur la personne ou sur la chose. L'erreur sur la personne est un motif de nullité en matière de transaction; car c'est surtout dans cette espèce de contrat que la considération de la personne entre pour beaucoup. Les transactions sont la plupart du temps faites *intuitu personæ*. L'erreur sur la chose est également une cause de nullité. Deux cas peuvent se présenter, ou c'est sur la chose même que porte l'erreur, ou bien c'est sur l'objet de la contestation, par exemple, si, croyant seulement transiger sur le possessoire, j'ai transigé sur le pétitoire.

L'erreur de droit ne peut être un motif de nullité que lorsqu'elle a été tellement générale, que le législateur s'est vu obligé de la rectifier (voy. arrêt de la Cour de cass. du 24 mars 1807, rapporté au mot *Communaux*, § 4, par Merlin). Dans tous les autres cas, l'erreur de droit n'est pas une cause de nullité. Ainsi, un débiteur qui aurait transigé au sujet d'une dette prescrite, ne serait pas admis à faire annuler la transaction, en alléguant qu'il ignorait que la prescription fût un moyen de se libérer.

2° La violence vicie toute espèce de contrats (art. 1111); pour que le consentement soit valable, il faut qu'il ait été librement donné. L'art. 2053 met la violence au nombre des causes de nullité des transactions. Il faut que la violence soit de nature à faire impression sur une personne raisonnable, qu'elle puisse lui faire craindre d'exposer sa personne ou ses biens à un mal considérable et présent. La violence exercée sur la femme, les ascendants ou les descendants de la partie contractante (art. 1113), suffit pour faire annuler la transaction; on a égard, porte l'art. 1112, à l'âge, au sexe et à la condition des personnes sur lesquelles elle a été exercée. La violence même exercée par un tiers annule une transaction (art. 1111).

La seule crainte révérentielle envers le père ou la mère ou tout autre ascendant, sans qu'il y ait eu violence exercée, n'est pas suffisante (art. 1114).

On ne pourrait pas alléguer la violence, si depuis qu'elle a cessé on a ratifié la transaction (art. 1115).

L'action en nullité pour cause de violence dure dix ans; ce délai commence à dater du jour où la violence a cessé.

3° Le dol est une cause de nullité (art. 2053). Labéon définit le dol: *Omnem calliditatem, fallaciam vel machinationem ad circonveniendum fallendum decipiendum alterum adhibitam.*

Le dol ne se présume pas, il doit être prouvé; le dol employé par un tiers n'est pas un motif de nullité; on a contre lui une action en dommages-intérêts. Il eût donc été inutile d'annuler la transaction, puisque la partie qui a souffert du dol peut se faire indemniser en actionnant le tiers.

L'éviction est-elle une cause de nullité? Voici comment cette circonstance pourrait se présenter dans une transaction. Une contestation s'élève entre nous sur la propriété d'un immeuble; nous transigeons, et par suite de cette transaction, par laquelle vous me faites l'abandon de l'immeuble litigieux, je vous donne un autre immeuble dont je me crois propriétaire. Vous êtes évincé par la suite; la transaction n'est pas nulle, il y a seulement lieu à une action en garantie; car c'est une espèce d'échange, et l'art. 1705 accorde une action en garantie en faveur de celui qui est évincé de la possession d'une chose donnée en échange.

Il peut également y avoir lieu à l'action en garantie, si, tout en reconnaissant que la chose ne m'appartenait pas, vous m'en faites l'abandon moyennant une certaine somme ; c'est alors une espèce de vente. Dans tous les autres cas où il n'y a pas mutation de propriété, il n'y a pas lieu à garantie ; car la transaction n'est pas transmissive, mais seulement déclarative ou récognitive de propriété (voy. Pothier, t. I, p. 524 et 705, in-4°).

4° La transaction faite en vertu d'un titre nul est sujette à rescision (art. 2054). Ainsi une transaction faite au sujet d'une donation qui serait nulle par un vice de forme que les parties ignoraient au moment de la transaction, serait nulle comme n'ayant plus de cause.

5° La découverte de pièces fausses annule une transaction (art. 2055). Il n'est pas nécessaire que toutes les pièces soient fausses ; une seule suffit.

En Droit romain, la transaction sur pièces fausses n'était nulle que quant aux chefs auxquels se rapportaient les pièces fausses ; c'est qu'en Droit français la transaction est indivisible, contrairement au Droit romain qui la déclare divisible.

Les parties peuvent transiger sur des pièces impugnées de faux, à charge de faire homologuer en justice ; on n'a pas voulu que les parties pussent, au moyen de la transaction, dérober à la justice les preuves du crime de faux.

6° La transaction intervenue sur un procès terminé par un jugement passé en force de chose jugée dont les parties ou l'une d'elles n'avaient pas connaissance est nulle (art. 2046).

Le jugement en dernier ressort termine la contestation ; il n'y a plus de droit douteux. Cependant si les parties avaient connaissance du jugement, la transaction serait valable ; car, ayant transigé malgré le jugement, on doit supposer que, guidées par le sentiment de l'équité et reconnaissant l'incertitude de leurs droits, elles ont voulu rétablir, par la transaction, la bonne harmonie que le procès survenu entre elles avait troublée.

Il n'en serait pas ainsi, si l'une des parties seulement connaissait le jugement en dernier ressort.

Il peut se présenter deux cas dans cette hypothèse : ou c'est la partie perdante qui avait connaissance du jugement qui l'a condamne ; son silence et l'ignorance dans laquelle elle a laissé sa partie adverse constituent un dol de sa part. Si, au contraire, c'est la partie qui a obtenu gain de cause qui transige, connaissant le jugement, on doit supposer que c'est le sentiment de l'équité qui l'a portée à transiger. S'il en était autrement, ce serait refuser à un homme de bonne foi les moyens de réparer l'injustice d'un jugement.

Si les deux parties avaient connaissance du jugement qui termine la contestation, mais ignoraient à laquelle d'entre elles le jugement donne gain de cause, la transaction serait valable. La transaction aurait alors les caractères d'un contrat aléatoire (ainsi jugé par arrêt du tribunal de cassation, du 16 prairial an XII. Sir., t. VII, 1, 1230).

On peut transiger sur un jugement qui est encore susceptible d'appel; car le droit est encore douteux, le procès n'est pas encore terminé (art. 2056; voy. l. 23, § 1, *D. de condict. indeb.*), soit que les parties connaissent ou ignorent le jugement en première instance.

Le pourvoi en cassation n'est pas suspensif, il n'enlève pas au jugement en dernier ressort l'autorité de la chose jugée. On peut cependant transiger sur le recours en cassation.

7° Lorsque les parties ont transigé généralement sur toutes les affaires qu'elles avaient entre elles, les titres qui leur étaient alors inconnus et qu'elles ont découvert depuis ne sont point une cause de nullité, à moins qu'ils n'aient été retenus par le dol de l'une des parties (art. 2057).

Il en serait autrement, si, la transaction n'ayant pour objet qu'un seul différend, on venait à découvrir que l'une des parties n'avait aucun droit (art. 2057).

L'art. 2058, le dernier de ce titre, porte que l'erreur de droit doit être réparée; elle n'est pas un motif de nullité (voy. *Lex unica C. de err. calculi*).

CHAPITRE IX.

DE L'ENREGISTREMENT DES TRANSACTIONS.

« Le mot *enregistrement*, dans le sens grammatical, signifie la transcription ou l'inscription d'une pièce ou d'un acte quelconque sur un registre » (voy. *Répert. de jurisprud.*, v° Enregistrement).

Le but primitif de cette formalité était d'assurer aux actes une date certaine (voy. art. 2, loi du 5 décembre 1790).

Depuis, la formalité de l'enregistrement est devenue une mesure fiscale. On doit payer un droit pour faire enregistrer un acte; ce droit est fixe ou proportionnel.

La loi du 28 avril 1816 énumère les actes qui sont soumis au droit fixe; elle en indique le montant.

Celle du 22 frimaire an VII indique ceux qui doivent payer le droit proportionnel.

Toute espèce de transaction doit être enregistrée, même celle qui n'opérerait pas mutation de propriété.

Le montant des droits proportionnels que l'on doit payer pour une transaction varie selon la nature des stipulations qui y sont faites; il est plus fort pour les immeubles, et moindre pour les objets mobiliers.

Une transaction peut être soumise en même temps à différents droits, si elle renferme des concessions sur des meubles et des immeubles.

L'action en nullité intentée contre une transaction pour un vice quelconque ne suspend pas le payement des droits d'enregistrement, et dans le cas où le payement aurait été fait, si la transaction est annulée, le remboursement des droits d'enregistrement devra-t-il avoir lieu?

M. Toullier pense que l'action en nullité suspend le payement des droits, et il se fonde sur le principe, que ce qui est nul ne peut produire aucun effet, et qu'en exigeant le payement des droits, ce serait donner le provisoire à un acte dont la loi défend au juge de reconnaître l'existence.

M. Marbaud, et nous nous rangeons à son avis, comme étant plus conforme aux lois de l'enregistrement, tout en admettant qu'il serait à désirer qu'il en fût ainsi, réfute l'opinion de M. Toullier.

« A qui appartient, dit cet auteur, de prononcer la nullité d'un acte? A la justice. Mais la justice ne prononce que sur le vu de l'acte et sur les conclusions des parties. Et quel est le notaire qui se permettra de délivrer expédition d'un acte non enregistré, pour encourir la peine de cinquante francs d'amende, outre le payement des droits? Quel est l'huissier, l'avoué qui se permettront d'énoncer un acte non enregistré? Quel est le juge enfin qui voudrait rendre un jugement sur un acte de ce genre, lorsque l'art. 47 de la loi du 22 frimaire an XII porte formellement, qu'il est défendu aux juges de rendre aucun jugement sur des actes non enregistrés, à peine d'être personnellement responsables des droits?» (Marbaud, liv. 5, p. 265.)

Dans le cas où la transaction est annulée, si les droits ont été payés, comme ils ont été régulièrement perçus en conformité de la loi, ils ne peuvent être restitués (voy. arrêt du 2 février 1819, rapporté au *Répert. de jurisprud.*, v° Restitution de droits indûment perçus, p. 811, et la loi du 22 frimaire an VII, art. 60).

JUS ROMANUM.

DE TRANSACTIONIBUS.

I.

Transactio est contractus, quo partes aliquam controversiam dirimunt.

II.

Transactio a pacto differt, quia transactio in re dubiâ interposita est, contrà quandò pacisceris, remittis liberalitate rem indubitatam et certam (l. 1, D. de trans.)

III.

Transactio nullo dato vel retento minimè procedit (l. 38, C. h. t.).

IV.

Minor transigere nequit sine tutoris auctoritate, tutor super bonis pupilli sine decreto.

V.

Cum servo, aut ex ancillâ nato interposita transactio non valet.

VI.

Furiosis, prodigis, licet majores viginti quinque annis sint, et mente captis, auctoritatis curatorum opus est ad transigendum.

VII.

Transigere vel pascisci de crimine capitali, excepto adulterio prohibitum non est; in aliis autem criminibus, quæ pœnam sanguinis non ingerunt, transigere non licet citrà falsi accusationem (l. 18, C. h. tit.).

VIII.

Mater non potest transactione filios ejus servos facere (l. 26, C. h. tit.).

IX.

Pater qui de re filiorum, qui in potestate ejus non sunt, transigit, frustrà transigit (l. 10, D. h. t.).

X.

Transactio inter te et me interposita non lædit jus cæterorum.

XI.

De his controversis, quæ ex testamento nascuntur, neque transigi, neque exquiri veritas aliter potest, quàm cognitis inspectisque verbis testamenti (l. 6 D. de trans.).

XII.

Transactio de alimentis nulla est, si non facta sit cum auctoritate prætoris; solet igitur prætor intervenire et inter consentientes arbitrari, an transactio admitti debeat (l. 8, pr. D. h. tit.).

XIII.

Licet de alimentis quæ non mortis causâ relicta sunt citrà prætoris auctoritatem transigere. Valet transactio de alimentis, etiamsi facta sit sine prætoris auctoritate, ut alimenta quæ per singulos annos relicta erant consequerentur per singulos menses. Nam hæc transactio conditionem hujus cui alimenta debentur non pejorem facit. Licet quoque de præteritis alimentis transigere, de futuris nunquàm citrà prætoris auctoritatem (l. 8, C. h. tit.).

XIV.

Transactio de re judicatâ non valet. Tamen si negetur judicatum esse, vel si appellatio intercesserit, transigi potest.

XV.

Transactioni pœna adjici potest quæ exigitur, si una pars conditiones contractûs præstare non voluerit.

XVI.

Transactiones non minorem auctoritatem quàm rerum judicatarum habent (v. l. 20, C. h. t.).

XVII.

Transactio fit sive apud acta prætoris, sive sine actis, scripturâ interveniente vel non.

XVIII.

Si delegatus qui causam curat non litis decisionem transegerit, non læseris hâc transactione (l. 7, C. h. tit.).

XIX.

Si cum tutore, qui tutor fratris etiam fuerat, transegi, posteà hæres fratris, non transactione obligor, et possum à tutore rationes tutelæ exigere (l. 9, D. h. tit. et l. 1, C. h. tit.).

XX.

Si de fideicommisso à patre relicto inter te et fratrem tuum, vicissim datum, si alter vestrûm, sine liberis excesserit vitâ, transegeris, secundùm leges facta est transactio (l. 11, C. h. tit.).

XXI.

Pacto transactionis interposito de re certâ, si stipulaveris nihil ampliùs peti, hæc verba non extendi solent alteris negotiis quæ inter te et me surgere possint. Nam quæque transactio his rebus restringitur, quæ transigentes spectaverunt.

XXII.

Transactio metûs causâ interposita nulla est; vita in periculo fuisse debet ut metus sit causa rescisionis (v. l. 13, C. h. tit.)

XXIII.

Instrumentum post repertum non rescindit transactionem, nisi retentum fuerit dolo alteræ partis (v. l. 19, C. h. tit.).

XXIV.

Si major transegeris, dolum non sufficit ad rescindendum transactionem (l. 22, C. h. tit.).

XXV.

Si mente sanus transegeris, licet æger corpore, valet transactio.

XXVI.

Si ex falsis instrumentis transactio inita est, rescindi debet, tantummodò quoad capitula quibus falsa instrumenta attinebant; nam non individua transactio est; ejus diversa capita rescindi possunt, alteris manentibus (v. l. 42, C. h. tit.).

XXVII.

Error calculi corrigi debet (lex unica C. de err. calc.).

PROCÉDURE CIVILE.

DE LA DESCENTE ET VUE DES LIEUX ET DES RAPPORTS D'EXPERTS.

(Titres XIII et XIV du Code de procédure civile.)

DE LA DESCENTE ET VUE DES LIEUX.

La descente et vue des lieux est un incident de procédure, occasionné par la nécessité où se trouve le juge de voir par lui-même les lieux contentieux, pour éclairer son jugement.

Elle peut être provoquée par les parties ou ordonnée d'office. Le tribunal nomme un de ses membres pour y procéder; il doit être choisi parmi ceux qui ont assisté aux débats du procès (art. 296). Si le tribunal le juge convenable, il pourra se transporter en entier sur les lieux contentieux, sans toutefois que cela puisse augmenter les frais de l'incident.

La descente et vue des lieux ne doit être ordonnée que dans les cas où un simple rapport d'experts serait insuffisant. Mais les parties peuvent la provoquer, si elles ont des raisons de craindre que les experts ne soient troublés dans l'exercice de leurs fonctions, ou pour tout autre motif (art. 295).

Lorsque l'objet litigieux est situé hors du ressort, on commet un juge du tribunal dans lequel il est situé, pour opérer la descente sur les lieux.

La descente et vue des lieux ne peut être faite qu'en vertu d'un jugement; s'il en était autrement, elle serait arbitraire et de nul effet.

Le juge-commissaire, sur la requête de la partie la plus diligente, rendra une ordonnance qui fixera les lieu, jour et heure de la descente. La signification en sera faite d'avoué à avoué; cette signification dispensera de la sommation (art. 297). Si l'une des parties n'avait pas d'avoué, elle sera faite à domicile par le ministère d'un huissier.

Les parties devront se trouver sur les lieux aux jour et heure indiqués par l'ordonnance du juge-commissaire, afin de donner des renseignements à la justice. Le juge-commissaire dressera procès-verbal de l'état des lieux; il devra se borner aux renseignements qui lui seront fournis par les parties, sans pouvoir s'en procurer auprès des personnes étrangères au procès; sans cela il ferait une enquête sans mission et sans avoir observé les formalités prescrites par la loi.

Le juge-commissaire mentionnera dans son procès-verbal les jours employés au transport, séjour et retour, pour qu'on puisse fixer le montant des frais de l'incident (art. 298).

Ces frais seront avancés et consignés au greffe par la partie qui aura provoqué la descente. Si elle a été ordonnée d'office, ils seront avancés par la partie qui aura intérêt à obtenir jugement et qui aura obtenu l'ordonnance du juge-commissaire (art. 301).

La partie la plus diligente fera signifier l'expédition du procès-verbal à l'autre partie par l'intermédiaire de leurs avoués. Trois jours après cette signification, elle pourra poursuivre l'audience sur un simple acte (art. 299).

La présence du ministère public n'est nécessaire que dans les cas où il est partie principale au procès; tant qu'il n'est que partie jointe, sa présence est inutile.

DES RAPPORTS D'EXPERTS.

Les experts sont des tiers que les parties choisissent, ou que le juge nomme d'office, pour donner leur avis sur des faits que leur art les met à même d'apprécier mieux que tout autre, et dont le juge ne pourrait se faire une idée exacte par lui-même.

Les experts ne peuvent être nommés qu'en vertu d'un jugement qui ordonne l'expertise (art. 302).

Les experts sont les mandataires des parties; leurs fonctions ne sont pas gratuites; ils sont libres d'accepter ou de refuser la mission qu'on leur offre.

Les experts sont nommés au nombre de trois, pour éviter le partage dans les avis; un seul suffira, si les parties sont convenues de s'en rapporter à son avis (art. 303).

Le tribunal peut aussi, lorsque l'expertise n'est pas provoquée par les parties, ne nommer qu'un seul expert (voy. arrêt du 10 juillet 1834, ch. des req. Sir., t. XXXIV, 1, 509).

Si les parties sont tombées d'accord, lors du jugement qui ordonne l'expertise, sur le choix des experts, le même jugement leur en donne acte (art. 304); sinon, elles devront avoir fait leur choix dans les trois jours, à dater du jugement qui ordonne l'expertise (art. 305). Si les parties se sont accordées lors du jugement, elles devront faire la déclaration des noms des experts qu'elles ont choisis. A l'expiration du délai pour nommer les experts, si les parties ne l'ont point fait, il en sera nommé d'office (art. 306).

Un juge est commis par le tribunal pour recevoir le serment que les experts sont tenus de prêter avant d'entrer en fonctions. Le tribunal peut également commettre à cet effet le juge de paix du canton où les experts devront se livrer à leur opération (art. 305). Il est possible que les experts dont on a fait choix aient leur domicile dans le canton où se trouvent les lieux contentieux; en commettant le juge de paix du canton pour recevoir leur serment, le tribunal leur évite un déplacement, dont les frais retombent toujours sur les parties.

Les experts peuvent être récusés pour les mêmes motifs pour lesquels les témoins sont reprochés (art. 310). Les experts seulement nommés d'office peuvent être récusés pour des motifs antérieurs à leur nomination; ceux qui sont nommés par les parties ne peuvent l'être que pour des causes survenues depuis leur nomination; les motifs survenus depuis la nomination sont des causes de récusation pour ceux nommés d'office, comme pour ceux choisis par les parties.

Dans tous les cas, les motifs de récusation doivent être proposés avant l'assermentation des experts. Si on ne l'avait pas fait avant cette époque, il y aurait forclusion. Seulement, lors des débats, la partie qui avait des motifs de récusation contre un expert, et qui ne les aura pas fait valoir en temps et lieu, pourra les soumettre au juge, pour qu'il ait tel égard qu'il convient à l'expertise.

L'art. 311 fait connaître de quelle manière est jugée la demande en récusation. Pour les motifs de récusation, voy. art. 283 du Code de procédure civile.

Si les motifs de récusation allégués par l'une des parties sont jugés plausibles, l'expert ou les experts sont récusés, et il en est nommé d'autres d'office (art. 313). Si, au contraire, la récusation est rejetée, la partie qui l'aura demandée pourra être condamnée aux dommages-intérêts envers la partie adverse, pour le retard que sa demande a apporté dans le jugement du procès. Elle pourra même être condamnée à des dommages-intérêts envers l'expert sur sa demande, si les motifs proposés étaient injurieux et de nature à porter atteinte à son honneur. Seulement, comme la poursuite de l'expert fait présumer que son avis n'aurait plus cette impartialité que la loi désire, il ne pourra demeurer expert, et il sera remplacé dans ses fonctions par un expert nommé d'office (art. 314).

Les jour, lieu et heure auxquels les experts devront se livrer à leurs opérations, seront fixés par les experts eux-mêmes, et indiqués dans le procès-verbal de la prestation de serment (art. 315).

L'on peut accepter ou refuser les fonctions d'expert: personne n'est tenu d'être expert contre sa volonté. Si un expert nommé ne veut pas accepter la mission qui lui est offerte, les parties doivent le remplacer sur-le-champ; si elles ne le font pas, il en est nommé un d'office. Mais une fois qu'il a prêté serment, l'engagement est parfait, il est tenu de remplir ses fonctions, et s'il ne le fait pas, s'il ne se présente pas sur les lieux contentieux aux jour et heure indiqués, il sera condamné, s'il ne fait pas valoir des excuses valables, à tous les frais frustratoires, et même aux dommages-intérêts envers les parties (art. 316).

On doit remettre aux experts nommés et assermentés, comme nous venons de le dire, le jugement qui ordonne l'expertise et les pièces nécessaires pour les guider dans leurs opérations. Ils dresseront leur rapport sur les lieux contentieux, ou dans les lieu, jour et heure qu'ils auront indiqués (art. 317).

Ce rapport contiendra l'avis des experts, formé à la majorité des voix; il sera fait mention de l'avis de l'expert dissident, s'il y en a un, sans pour cela faire connaître leur avis personnel (art. 318). Il sera signé par tous les experts, et écrit par l'un d'eux. Si l'un des experts ne savait pas écrire, il sera écrit par le greffier de la justice de paix du canton où l'expertise a été faite, sous la dictée de l'un des experts; le greffier y apposera sa signature (art. 317). Le rapport des experts fait foi de son contenu jusqu'à inscription de faux.

Le rapport sera déposé au greffe du tribunal qui aura ordonné l'expertise. Le président taxera les vacations au bas de la minute, et il en sera donné exécutoire contre la partie qui aura requis l'expertise, ou, si elle a été ordonnée d'office, contre celle qui aura poursuivi le jugement (art. 319).

Si les experts mettaient du retard dans le dépôt au greffe de leur rapport, ils y seraient contraints, même par corps (art. 320). La partie la plus diligente lèvera et signifiera le rapport à avoué.

Les juges pourront ordonner d'office une nouvelle expertise, dans le cas où la première ne leur semblerait pas suffisante; les experts sont alors nommés d'office pour éviter le retard qu'occasionnerait leur nomination par les parties. Les mêmes experts peuvent procéder à la nouvelle expertise, s'il n'y a pas d'inconvénient.

Les parties ne peuvent, dans aucun cas, provoquer une nouvelle expertise.

Le juge, devant juger d'apres sa conviction, n'est pas forcé de se conformer dans son jugement à l'avis des experts (art. 322).

FIN.

www.ingramcontent.com/pod-product-compliance
Ingram Content Group UK Ltd.
Pitfield, Milton Keynes, MK11 3LW, UK
UKHW020217200726
13856UKWH00004B/1453